Meuble de Salon

EN TAPISSERIE D'ÉPOQUE LOUIS XVI

BELLE TAPISSERIE

D'Époque Louis XIV

BRONZES, DESSINS, MEUBLES DE STYLE

TENTURES

Provenant de la Succession de M. P...

COMMISSAIRE-PRISEUR

Mᵉ LAIR-DUBREUIL

EXPERTS

MM. PAULME & B. LASQUIN FILS

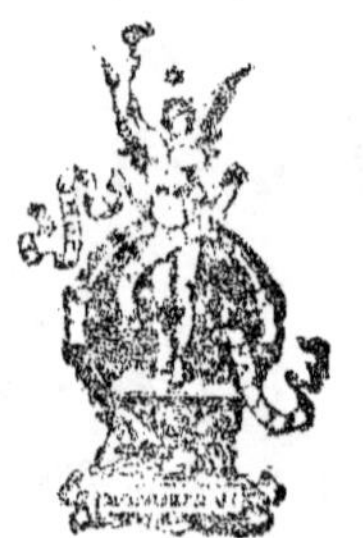

CATALOGUE

DES

MEUBLES DE STYLE

Bibliothèque, Bureau en bois de placage,
Lit de milieu, Armoires à deux et trois portes à glaces,
Chaise longue, Toilette,
Commode, Tables en bois laqué

MEUBLE DE SALON EN TAPISSERIE

D'ÉPOQUE LOUIS XVI

BELLE TAPISSERIE D'ÉPOQUE LOUIS XIV

BRONZES — PORCELAINES

Pendule d'époque Premier Empire,
Garniture de cheminée en biscuit, Lampes, Lustres,
Suspensions, Chenets, Flambeaux

TABLEAU, DESSINS, GRAVURES

Par : F. FLAMENG, FORAIN, GUILLAUME, HELLEU, WILLETTE

MEUBLES COURANTS

Rideaux en soie et en velours, Tapis,
Services de table et de verrerie, Objets divers

Provenant de la Succession de M. P...

ET DONT LA VENTE AURA LIEU

HOTEL DROUOT, SALLE N° 11

LE MARDI 27 JUIN 1905

à deux heures

COMMISSAIRE-PRISEUR	EXPERTS
M° LAIR-DUBREUIL	**MM. PAULME et B. LASQUIN FILS**
6, rue de Hanovre	10, rue Chauchat | 12, rue Laffitte

EXPOSITION PUBLIQUE

Le Lundi 26 Juin 1905, de 2 heures à 6 heures

CONDITIONS DE LA VENTE

Elle sera faite au comptant.

Les acquéreurs paieront *dix pour cent* en sus des enchères.

Paris. — Imp. de l'Art, E. Moreau et Cⁱᵉ, 41, rue de la Victoire.

DÉSIGNATION

MEUBLES, TAPISSERIES

1 — Ameublement de salon, composé d'un
canapé et cinq fauteuils en bois sculpté doré,
recouvert en ancienne tapisserie d'Aubusson
du temps de Louis XVI. Les dossiers à sujets
pastoraux, bergers et bergères, d'après J.-B.
Huet ; les sièges avec animaux dans des pay-
sages ; encadrements à draperie et guirlandes
fleuries.

Longueur du canapé, 1 m. 80 cent.
Largeur d'un fauteuil, 60 cent.

2 — Grand meuble d'entre-deux formant vitrine
et bibliothèque, ouvrant à quatre portes dont
deux au centre, vitrées, et les deux autres,
aux extrémités, grillagées. Il est en bois de
placage avec filets de cuivre incrustés et richement ornés de motifs en bronze ciselé et
doré. Dessus de marbre.

Largeur, 2 m. 20 cent.

3 — Grand bureau plat. de style Louis XV, de forme contournée. en bois de placage, rose et violette. Il est richement orné de bronzes ciselés et dorés. Dessus de maroquin avec vignettes dorées.

Long., 1 m. 45 cent.; larg., 80 cent.

4 — Pendule-cartel. avec support en forme de cul-de-lampe, du temps de Louis XV, bois décoré de fleurs peintes au vernis, orné de bronzes à motifs de cartouches. bas-relief, rocailles, etc.

Haut., 1 m. 35 cent.

5 — Lit de milieu en bois sculpté laqué blanc, de style Louis XV, garni de canne laquée et dorée, avec son sommier.

6 — Armoire en bois sculpté et laqué blanc, relevé de dorures de style Louis XVI, ouvrant à trois portes à glaces bisautées.

7 — Chaise-longue en bois sculpté peint blanc, de style Louis XVI, garnie en soie brochée à rayures et corbeilles de fleurs sur fond crème.

8 — Commode en bois sculpté et laqué, relevé d'or, garnie de trois tiroirs à poignées et entrées de serrures en bronze. Style Louis XVI.

9 — Grande console à quatre pieds et coins arrondis en bois sculpté peint blanc, de style Louis XVI, à motifs de rosaces dans la ceinture, rais-de-cœur, entrelacs, etc. Dessus de marbre brèche violette.

10 —. Armoire en bois sculpté peint blanc, de style Louis XVI, ouvrant à deux portes à glaces biseautées.

11 — Toilette en bois sculpté peint blanc, de style Louis XVI, ouvrant à deux vantaux et garnie de tiroirs sur les côtés. Dessus en marbre à cuvette mobile.

12 -- Table ronde sur quatre pieds, en bois sculpté laqué blanc, de style Louis XVI, à dessus de marbre.

13 — Petite table carrée en bois laqué blanc, parties dorées, de style Louis XVI. Dessus de marbre.

14 — Petite table de forme ovale, de même modèle et de même style.

15 — Meuble à étagère en acajou, formant porte-manteaux et parapluies. Style anglais.

16 — Meuble d'antichambre en bois verni, de style anglais, composé de un canapé-banquette, deux fauteuils et deux chaises.

17 — Deux petites consoles d'encoignures en bois sculpté et laqué blanc, à dessus de marbre.

18 — Deux étagères de suspension, modern-style, avec lithographies sous verre : Rondes d'enfants, par *Cecil Aldin*.

19 — Tapisserie rectangulaire, offrant une composition de deux personnages : Jeune femme en riche costume, assise et pleurant au récit d'une vieille femme filant. Fond d'architecture à cariatides et colonnes. Belle et riche bordure d'encadrement, faite d'arabesques d'enfants ailés, de vases, d'attributs, de trophées d'instruments de musique, enguirlandés de fleurs. Sur fond jaune, bordé d'une ligne d'oves. Époque Louis XIV. Belle conservation.

20 — Panneau en ancienne tapisserie, à personnages flamands.

BRONZES, PORCELAINES

21 — Pendule en bronze patiné et doré, du temps de l'Empire, formée d'une stèle avec le cadran, devant laquelle est un groupe d'une femme, debout, drapée, à qui un Amour indique l'heure. Bas-relief de danseuses antiques en bronze doré, formant frise sur le socle.

Haut., 65 cent.

22 — Garniture de cheminée, composée d'une pendule et de deux flambeaux en biscuit, à sujets de figures de femmes et enfants, et appliques de bronzes dorés. Style Louis XVI.

23 — Paire de chenets, de style Louis XVI, en bronze ciselé et doré, à motif de cassolettes, à trépied et pomme de pin.

24 — Paire de lampes, faites de deux potiches couvertes, en porcelaine du Japon, à fond bleu et rinceaux blancs, avec réserves à fleurettes et insectes. Montures en bronze.

25 — Lustre en bronze doré et enfilages de cris-

taux, composé de six branches de feuillages porte-bougies et garni, au centre, d'un bouquet de lumières électriques.

26 — Petit lustre, tout en enfilage de cristaux, monture en bronze, style Louis XVI, garni à l'intérieur d'un bouquet de lumières électriques.

27 — Suspension de salle à manger, en forme de dôme carré, en bronze doré, de style Empire, avec bouquet de quatre lampes au centre et bougie aux angles. Disposée pour l'électricité.

28 — Flambeau de bouillotte en bronze doré de style Louis XVI. Disposé pour l'électricité.

29 — Paire de flambeaux à lumière mobile, en bronze doré, modèle à rinceaux et feuillages.

3o — Lanterne d'antichambre en bronze et verre martelé, garnie intérieurement d'ampoules électriques.

TABLEAUX, DESSINS

GRAVURES

FLAMENG (François)

3.1 — *La Vérité.*

Maquette peinte d'une affiche-réclame pour un grand journal quotidien.
Toile signée.

FORAIN

32 — *Sur le Champ de courses.*

Aquarelle signée avec dédicace.

FORAIN

33 — « *Faut attendre encore un an, mon Général* ».

Dessin à la plume et crayon bleu. Signé.

FORAIN

34 — « *Comment ! t'es peintre !!!* »

Dessin à la plume et crayon bleu. Signé.

FORAIN

35 — *Chambrée.*

> Dessin au crayon et touches de lavis. Signé.

FORAIN

36 — *« Vous savez, sa mère dit partout que l'enfant est de vous ».*

> Dessin à la plume et aquarelle en forme d'éventail. Signé.

FORAIN

37 — *« Tu commences à me raser avec ton Panama ».*

> Dessin à la plume et crayou en forme. d'éventail. Signé.

FORAIN

38 — *« Qu'est-ce que tu as encore à ronchonner ? » — « J'dis q'si j'avais su q'c'était ça la campagne, j's'rais restée rue de Moscou. »*

> Dessin signé.

GUILLAUME (A.)

39 — *Histoire d'un Prince de la Critique (F. Sarcey) et d'une Reine de la Chanson (Y. Guilbert).*

Trois dessins avec six légendes.

HELLEU

40 à 42 — Trois gravures, pointes sèches : Portraits de femmes.

WILLETTE

43 — *Dans la nature tout est beau.*

Dessin à la plume et crayon bleu. Signé.

OBJETS   DIVERS

44 — Six dessous de carafes en argent. Modèle à rinceaux.

45 — Belle cave à liqueurs.

46 — Service de table en porcelaine décorée.

47 — Service de verrerie.

48 — Métal anglais.

49 — Meubles courants.

50 — Rideaux en soie et de velours.

51 — Stores-rideaux de vitrage.

52 — Carpette en moquette.

53 — Literie, etc.